AF349589

# LETTRE

## DE M. DE ***.

### A

## MADAME DE ***.

SUR LES OPERA DE PHAETON,
ET HYPPOLITE ET D'ARICIE.

# LETTRE
## DE M. DE ***.
### A
### MADAME DE ***.

*SUR LES OPERA DE PHAETON,*
*ET HYPPOLITE ET D'ARICIE.*

VOUS triomphez, Mada-
me , & le monde qui a
abandonné Phaëton pour
courir à Hyppolite, vous paroît faire
une preuve décisive de la préférence
que mérite ce dernier ; mais cette
victoire est-elle établie par-là ? En
vérité , je n'en crois rien. C'est une
preuve plus sûre du goût dominant
que nous avons pour la varieté. Nous

n'avons que trop d'exemples , dans tous les genres , qui prouvent que le nouveau enleve facilement nos suffrages , & que le goût céde bien souvent à la curiosité. Si ce qui est estimable gagne d'abord à être connu , il perd toujours à l'être trop : on s'y accoutume , l'admiration s'épuise , l'ame s'en lasse & court aisément après un nouvel objet qui excite la curiosité , & qui lui laisse la liberté de juger. Ce qu'on quitte en est-il moins estimable ? S'il nous donne moins de plaisir , si notre sensibilité diminuë , si notre goût s'émousse , est-ce sa faute ? En a-t'il souvent moins de mérite ? C'est ce qui est arrivé à Lully , & en particulier à l'Opera de Phaëton. Cet Opera , ainsi qu'Armide , Atys , Roland , Amadis , est dans nos mains depuis notre enfance : nous y avons pris les premiers principes du Chant , &

ils n'auroient pas dû faire des in-
grats : mais on se fait à tout ; on se
lasse de tout , dès qu'il nous devient
familier. Une Tragedie nouvelle ,
quoique médiocre , aura plus de
spectateurs que Phedre & qu'Andro-
maque : on les sçait par cœur. Je
n'aspire pas à être le panegyriste de
Lully , j'affoiblirois son éloge. Je ne
prétend pas non plus être l'apologiste
de Phaëton , mais risquer quelques
réfléxions que je confie à votre ami-
tié , & que je soumets à votre juge-
ment. Je conviendrai donc que Phaëton n'est pas l'Opera le plus admirable qui soit sorti des mains de Lully
& de Quinault. Par rapport à ce
dernier , il y a dans le détail des cho-
ses qui peuvent paroître trop éloi-
gnées de la bienséance de nos mœurs,
comme les confidences de Climene
& la Scene d'Epaphus & de Phaëton. En général , l'interêt est moins

vif que dans bien d'autres Ouvrages du même Maître. Si Theone arrache des soupirs, Sangaride & Ariane nous font verser des larmes ( larmes délicieuses qu'il n'est pas accordé à tout le monde de répandre. ) Je ne parle point d'Armide ; je ne doute point de l'enchantement qu'on doit y éprouver, mais je n'ai point vû son effet au Théâtre. Les situations de Phaëton ne mettent point l'ame dans une agitation nécessaire à l'interêt. Si Quinault a eu pour objet de rendre l'ambition odieuse, & d'en faire desirer la punition, son objet n'est pas entierement rempli. L'indignation que l'on conçoit contre Phaëton, est assez légere ; son inconstance ne paroît guéres criminelle, & l'ambition, ce me semble, y jouë un plus beau rôle que l'amour. Est-ce la faute du Poete ? Est-ce celle de notre cœur ? Quinault a été ébloui par son sujet ;

il a voulu éprouver tout le parti
qu'on pouvoit tirer du merveilleux :
c'eſt en effet l'ame du Théâtre Lyri-
que. Il a donc prodigué les beautés
de Spectacle ; mais en travaillant
trop pour les yeux, il a ceſſé de par-
ler au cœur : l'ame ne peut ſuffire à
deux ſentimens fort vifs ; elle quitte
l'un pour embraſſer l'autre : on s'oc-
cupe de la pompe du Soleil ou de
l'événement de la chûte de Phaëton,
& l'on néglige les interêts de l'A-
mante qu'on ne revoit plus, & dont
on ne ſe ſouvient guéres. Mais ſuppoſons que Quinault n'ait pas ra-
cheté ces défauts par des beautés
ſans nombre, & par tous les char-
mes de la Poëſie qu'il a employée
dans cet Ouvrage ; ſuppoſons qu'il
ait manqué ſon but, Lully a-t'il pour
cela manqué le ſien ? Leur mérite
n'eſt pas ſi ſolidaire qu'il ne puiſſe
laiſſer diſtinguer les droits que cha-

cun d'eux a fur nos refpeĉts. Lully
eft admirable dans Phaëton , comme dans fes autres Ouvrages : Lully
eft toujours Lully ; c'eft Raphaël
pour la Peinture ; c'eft Moliere pour
la Comedie. Ce font de ces hommes
rares , de ces génies fublimes , que
bien des fiécles s'employent & peut-
être s'épuifent à former dans un gen-
re. Ces grands hommes ont toujours
eu la nature pour modele. Lully
a penfé, ainfi que tous ceux du même
ordre, que la Mufique devoit être
une fidelle copie de la nature : c'eft
à elle & à fes beautés qu'il s'eft atta-
ché ; auffi avec quelle nobleffe &
quelle élegance nous l'a-t'il rendu ?
Quelle facilité ! quelle expreffion !
quelle ame dans fon recitatif ! Dans
Phaëton même toute la premiere
Scene du troifiéme Aĉte *! Ah Phaëton eft-il poffible ?* Une nouvelle in-
téreffante & douloureufe nous ar-

racheroit les mêmes infléxions dont
Lully s'eſt ſervi. Ce ſont de ces choſes ſi vrayes que tout le monde ſe les
approprie, de ces choſes que tout le
monde croit pouvoir faire & que
perſonne ne fait. On reproche à Lully d'être triſte, & d'employer ſou-
vent les mêmes tours ; mais Lully
a travaillé pour le ſentiment , il a
cherché à nous remuer, à nous atten-
drir, à nous toucher ; y parvient-on
par le moyen d'une Muſique enjouée
& légere ? A l'égard de ſa prétenduë
monotonie ; la belle nature dont
il n'a jamais voulu s'écarter, ſe reſ-
ſemble ſans ſe copier, il n'a voulu en
prendre que les beautés ſans en ſui-
vre les irrégularités choquantes & les
caprices biſarres, il a laiſſé ce qu'elle
avoit de brute & de ſauvage pour
nous la peindre riante & ornée ; ſes
différences en ce cas ceſſent d'être ſi
marquées , & il y a des yeux pour

lefquels elles font prefque impercep-
tibles, n'eft-ce pas ce qui eft arrivé à
Lully dans fes expreffions ? Il a un
caractere qui lui eft propre, & dont
il ne s'écarte jamais, il ne fe varie que
par des nuances délicates, des dégra-
dations ménagées; chez lui point de
grands intervales, point de paffages
brufques , point de contraftes ou-
trés , point de joyes folles ; ce font
des Heros , des Rois , des Dieux à
qui il a affaire, & à qui il prête un
langage & des plaifirs dignes d'eux.
Auffi quoi qu'on en dife , quelle di-
gnité ,quelle décence dans fes chœurs
& dans fes airs ! l'ouverture de Phaëton eft noble , l'air de l'entrée du
Roi eft majeftueufe, la Mufique du
Palais du Soleil eft divine : tout eft
caracterifé : On fait un crime à Lully
d'avoir mis peu d'accompagnemens,
& de ne les avoir point travaillés,
Lully a cru fans doute que dans un

Opera tout devoit concourir à l'action principale & à l'intérêt, que rien n'étoit plus dangereux que de joindre à des paroles qui doivent occuper des accompagnemens qui peuvent seuls occuper ou du moins partager l'attention; il n'a point voulu faire de Sonates ni de Concerto, il l'auroit pû sans doute; il ne s'est pas fait un objet essentiel des Simphonies, mais seulement un objet accessoire & relatif, il a subordonné le Chant aux paroles, & l'accompagnement au Chant principal. L'accompagnement entre ses mains est une broderie légere qu'il a destiné à couper l'uni d'une belle étoffe; mais il n'a pas voulu en couvrir le fond, c'est si l'on veut une draperie jettée négligemment, qui n'est point affectée, & qui ne *plissote* point. Lully est un Architecte qui observe les proportions, il ne s'attache pas à quelque piece en particulier, il fonge à tout l'édifice ; tout répond , tout quadre, tout eſt ſimetriſé. Il eſt vrai que ſes plans ſont ſimples , mais il faut qu'il le ſoient pour être nobles. Eſtimerions - nous un édifice qui ne ſeroit compoſé que de petites pieces ornées, que de jolis dedans ? Cela pourroit faire une jolie maiſon, mais jamais un Palais. Un morceau de Poëſie heriſſé d'Epigrammes & de Concetti ſera-t-il plus eſtimable qu'un morceau ſimple & noble, où les beautés de détail ne feront que concourir au merite principal ? enfin un Peintre, car tous les beaux Arts ſont freres , & les mêmes principes leur conviennent, un Peintre eſt-il bien plus eſtimable quand il charge ſon tableau de détails & de petits objets, quoique parfaitement exaɛts ? Si en cela nous rendons juſtice à la préciſion & à la patience des Flamands,

ce n'eſt pas leur génie que nous ad-
mirons. Il y a eû des ſiecles gothi-
ques pour la Sculpture & pour la Peinture; prenons garde que ce tems ne
commence pour la Muſique , & que
nous ne quittions le bel uni antique
pour le détail chargé & gothique ;
le moëlleux des rondeurs & des
contours pour le ſec des hachures &
des angles; car la Muſique a auſſi les
ſiens. J'avouë , Madame , que j'ai
bien de la peine à me défendre de
la contagion ; mais je regarde mon
goût comme une ſuite de mon amour
pour la varieté. Lully eſt trop connu , il eſt facile à retenir , je le
ſçais par cœur , il me faut du nouveau , & j'en trouve à Hyppolite : j'y
éprouve peu d'attendriſſement : j'y
ſuis peu remué ; mais j'y ſuis occupé
& amuſé ; la Méchanique en eſt pro-
digieuſe , c'eſt un pays nouveau où
je fais des découvertes , j'y apper-

çois mille choſes ſingulieres, & des choſes ſingulierement belles ; mais l'amuſement que j'y trouve ne me fait point oublier le mérite de ce que je quitte, je ſens tout ce que je perds, je rends juſtice à ce qui a merité mes premiers hommages, je quitte avec des procedés, j'y reviendrai, & je reviendrai plus touché quand mon inconſtance m'aura éclairé : je ferai mieux, je conſerverai ces deux atta-chemens, j'y puis ſuffire, l'un ſera celui de ſentiment & de goût, l'autre d'amuſement, j'ai penſé dire de fantai-ſie, mais cela ſeroit un peu fort. Voi-là ma profeſſion de foi, Madame, je penſe que Lully ne doit jamais rien perdre de notre eſtime & de nos reſ-pects : j'ai même aſſez bonne opinion de notre goût pour croire que ſi Lully revenoit, & qu'il nous donnât un nouvel Opera dans le goût de ceux qui faiſoient les délices de ſon ſiécle,

il feroit admiré & fuivi encore au-
jourd'hui, furtout en travaillant pour
les fujets qu'il auroit ; je penfe qu'on
ne ceffe d'aller aux anciens que parce
qu'on a ufé fon goût pour eux à force
de les connoître , & qu'on préfere-
roit toujours fur le Theâtre de l'O-
pera une Mufique douce , noble &
touchante. Vous trouverez mes idées
hafardées , peu exactes , fuperficiel-
les , je paffe condamnation fur tout
cela, fi vous me pardonnez d'avoir
eû un avis différent du vôtre, & furtout de vous avoir ennuyé.

Je fuis , &c.

A Paris , ce 14 Janvier 1743.

---

Lû & approuvé. Ce 19 Janvier 1743.
CREBILLON.

*Vu l'approbation du fieur Crebillon. Permis d'Imprimer,
à Paris ce 19 Janvier 1743.* MARVILLE.

---

De l'Imprimerie de C. F. Simon , Fils , ruë de la
Parcheminerie 1743.